Birgit Terletzki

Mach mal Pause

Tipps gegen den täglichen Bürowahnsinn

Nimm dir Zeit zum Träumen,
das ist der Weg zu den Sternen.

Nimm dir Zeit zum Nachdenken, das ist
die Quelle der Klarheit.

Nimm dir Zeit zum Lachen, das
ist die Musik der Seele.

Nimm dir Zeit zum Leben, das ist
der Reichtum des Lebens.

Nimm dir Zeit zum Freundlichsein,
das ist das Tor zum Glück.

Irischer Segensspruch

Bibliografische Information der Deutschen Nationalbibliothek:

Die Deutsche Nationalbibliothek verzeichnet diese Publikation in der Deutschen Nationalbibliografie; detaillierte bibliografische Daten sind im Internet über dnb.de abrufbar.

„Herstellung und Verlag: BoD – Books on Demand, Norderstedt" 1. Auflage 2019

© 2019 Birgit Terletzki, Marc Bratek

ISBN: 9783748101307

Wichtiger Hinweis:
Die Autoren haben bei der Erstellung des Buches nach bestem Wissen und Gewissen gehandelt. Sie übernehmen keinerlei Gewährleistung bezüglich Vollständigkeit, Genauigkeit und Praktikabilität, der in diesem Buch vorgestellten Informationen. Es werden ferner keinerlei Garantien bezüglich der zu erzielen

den Erfolgschancen gegeben. Dieses Buch ersetzt keine Diagnose und keine medizinische Behandlung. Jeder Leser trägt selbst die Verantwortung für die Nutzung und Umsetzung der hier vorgestellten Informationen. Eine Haftung für Fehler ist ausgeschlossen. Das Werk, einschließlich seiner Teile, ist urheberrechtlich geschützt. Jede Verwertung ist ohne Zustimmung des Verlages und des Autors unzulässig. Dies gilt insbesondere für die elektronische oder sonstige Vervielfältigung, Übersetzung, Verbreitung und öffentliche Zugänglichmachung.

Bitte besuchen Sie uns auch im Internet unter den Adressen: www.gesundheit-lenkt-energie.de; www.gesunder-mitarbeiter.de oder auf unserem Blog www.gesundheit-lenkt-energie-akademie.de

Inhaltsverzeichnis

VORWORT

Pausen machen kann so einfach sein – zumindest suggerieren uns das diverse Werbespots und Bücher ein. Und nun kommen wir auch noch mit einem Buch namens „Mach mal Pause" daher.

Wir wissen, wie schwer es ist, regelmäßig Pausen im (Job)Alltag einzuplanen. Deshalb liegt es uns besonders am Herzen, Ihnen mit diesem kleinen Büchlein praxisnahe Impulse an die Hand zu geben, damit Sie systematisch Ihre Ressourcen wieder auftanken können und nach und nach wieder zu Ihrem inneren Gleichgewicht und Ihrer vollen Leistungs- und Konzentrationsfähigkeit zurückfinden.

Wenn Sie immer nur Vollgas geben, riskieren Sie über kurz oder lang einen Totalschaden.

Machen Sie sich bewusst, dass regelmäßige Pausen dazu dienen, fit zu bleiben, um die nächste Herausforderung, die nächste Aufgabe zu meistern.

Früher schellte in den Fabriken die sogenannte Pausenglocke, die Mitarbeiter legten die Arbeit nieder und aßen ihr Frühstück. Heute gibt es die Pausenglocken nicht mehr - noch nicht einmal mehr in den Schulen. Und oftmals gibt es so auch keine festen Pausen mehr, häufig verbringt man seine Pause auch noch am Arbeitsplatz, liest zwischendurch E-Mails und geht ans Telefon. Auch weil „Pause machen" oft noch einen schlechten Ruf hat.

Jetzt fragen Sie sich doch bitte mal, wie oft Sie während Ihrer Arbeit Pause machen?

Was meinen Sie, warum Sie durcharbeiten? Was ist der Grund?

Oder gehören Sie eventuell zu denen, die circa sechsmal täglich Pause machen? Doch wie schaut diese aus? Checken Sie nebenbei Ihre E-Mails, reden Sie über die nächsten Projekte oder gehen Sie an die frische Luft und denken darüber nach, was Sie noch in die Präsentation reinnehmen?

Gut, Sie meinen zwar Pause zu machen, doch dem ist nicht so. Das sind keine wirklichen Pausen, denn es fehlt der Abstand zur Arbeit!

Eine wirkliche Pause ist, wenn Sie sich auf etwas anderes konzentrieren als das, was sie soeben gemacht haben oder was sie gleich tun müssen. Denn unser Gehirn benötigt Distanz zur Arbeit, um abschalten und auftanken zu können. Es benötigt einen Frequenzwechsel.

Aber auch die Körperhaltung zu ändern, den Ort zu wechseln, den Kopfinhalt zu ändern, die Tätigkeit ändern - das ist Pause!

Ihre Pause muss also ein Kontrastprogramm zu Ihrer Arbeit sein. Wenn Sie am PC arbeiten, dann ist das surfen am PC in der Freizeit und das Fernsehen kein Kontrastprogramm - Ihre Pause würde zum Beispiel die Bewegung sein. Wenn Sie viel telefonieren oder den ganzen Tag mit Menschen zu tun haben, dann würde für Sie die Pause so aussehen, dass sie mal eine Zeit lang nichts sagen und auch nicht zuhören müssen. Für Bauarbeiter würde das Lesen eines Buches oder auch mal das Fernsehen sicherlich eine Pause darstellen, nicht aber wenn sie abends noch ins Fitnessstudio gehen.

Pause bedeutet also körperliche und geistiger Abstand von der Arbeit.

Und nun wünschen wir Ihnen viel Freude beim Lesen dieses Büchleins. Suchen Sie sich die Impulse raus, die in Ihren Alltag passen und beginnen Sie, „Pause machen" zu genießen und bewusst zu erleben. Sowohl Sie, Ihre Kollegen und Kolleginnen als auch Ihr Chef werden langfristig davon profitieren.

WARUM PAUSE?

Pausen sind wichtig, da sie die eigene Leistungsfähigkeit erhalten und dadurch Fehler vermieden werden. Auch ist erwiesen, dass mehr Unfälle passieren, wenn keine regelmäßigen Pausen eingelegt werden.

Man hat sogar festgestellt, dass bereits nach 20 bis 30 Minuten konzentrierter Arbeit die Leistungsfähigkeit und Konzentration abnimmt. Das heißt also, dass man nach wenigsten 30 Minuten oder einer erledigten Arbeit eine kurze Entspannungs- oder Aktivitätspause einlegen sollte. Es reichen hier meist schon fünf Minuten.

Fünf Minuten, die man aber wirklich aktiv für seine Kurzerholung nutzen sollte.

Doch wie sieht eine effektive Pausengestaltung aus?

Und wie kann man eine Pause aktiv gestalten?

Welche Übungen zur Entspannung und Lockerung der Muskulatur gibt es?

All diese Fragen beantworte werde ich in diesem Büchlein beantworten.

WISSENSWERTES RUND UM DAS THEMA PAUSE

Pausengestaltung

Meistens legt der Arbeitgeber die Pausen fest, oder sie sind pauschal im Tarif- oder Arbeitsvertrag verankert. Pausenempfehlungen sind wichtig, doch die Entscheidung, wie und wann der Arbeitnehmer seine Pause nimmt, sollte auch durch den Arbeitnehmer festgelegt werden. Denn nur er selbst spürt, wann er eine Pause benötigt und vor allem, in welcher Form er diese gestaltet. Natürlich muss man auch hier die Gegebenheiten des Jobs in Betracht ziehen und gegebenenfalls eine Pausenvertretung organisieren. Doch in Absprache mit den Kollegen sollte das kein Problem darstellen.

Ein weiterer Nachteil bei festgelegten Pausen ist, dass die Pausen oft vergessen werden oder ausfallen, weil in dieser Zeit gerade ein wichtiges Kundengespräch oder ein Meeting anstand. Es besteht auch die Gefahr, dass der Mitarbeiter bereits völlig ermüdet ist, und die Pausenzeit nun nicht mehr ausreicht, um sich ausreichend zu regenerieren.

Vom Arbeitgeber festgelegte Pausenzeiten können den Arbeitsfluss stören, die individuellen Leistungskurven und die damit verbundenen Erholungsphasen jedes einzelnen Mitarbeiters werden so ignoriert und übergangen, was wiederum zu einer höheren Fehlerquote und Frustration führen kann.

Eine Möglichkeit um das "Vergessen" der Pausen zu verhindern, bieten diverse Programm, die einen automatisch an seine Pause erinnern.

Der Pauseninhalt

Der Pauseninhalt sollte sich möglichst nach der Art der Arbeit richten.

Der Erholungswert ist umso größer, je besser die Pausentätigkeit an die vorangegangene Tätigkeit angepasst ist. Sprich: Bei einer anstrengenden, körperlichen Arbeit ist es erholsamer eine passive Pause einzulegen. Bei einer geistig anforderungsfähigen Tätigkeit ist es besser eine aktive Pause einzulegen.

Passive und aktive Pausen

Passive Pausen eignen sich vor allem für körperlich schwere Tätigkeiten.

Aktive Pausen sind Bewegungseinheiten, die eventueller Muskelverspannungen entgegenwirken und Anspannungen abbauen. So verhindern Sie das Geistige Weiterbeschäftigen mit der Arbeit während der Pause.

Regelmäßige und kurze Pausen empfehlenswert

Kurze Erholungszeiten haben positive Auswirkungen auf die Leistungsfähigkeit, die Konzentration und auf das körperliche als auch psychische Wohlbefinden des Arbeitenden.

Auch wenn man im ersten Moment meint, dadurch zu viel Pause zu machen und die Meinung vorherrscht, Arbeitszeit zu verlieren, so ist diese nicht haltbar. Es ist erwiesen, dass durch zu wenig Pausen viel weniger Arbeit erledigt wird - trotz ständiger Präsenz - als es im umgekehrten Fall ist.

Zudem haben regelmäßige kurze Pausen einen höheren Erholungseffekt, als wenn länge-

re Pausen mit insgesamt der gleichen Ge-
samtdauer gemacht werden.

Empfohlen wird eine Pause zwischen fünf bis
zehn Minuten pro Stunde. Und mit
zunehmender Arbeitszeit sollten die Pausen
länger sein. Das heißt, vormittags eignen sich
Kurzpausen von circa zehn Minuten und
nachmittags sollten sie etwas länger sein.
Sind die Pausen jedoch zu lange, findet man
schwer wieder in die Arbeit zurück.

POWERNAPPING

Powernapping - was übersetzt soviel wie Kraftnickerchen bedeutet- hat sich hierzulande leider immer noch nicht richtig etabliert. Schlimmer noch, das kurze Mittagsschläfchen ist in unserer Leistungsgesellschaft eher verpönt. Schade eigentlich, denn wissenschaftliche Studien haben mehrfach bewiesen, dass ein kurzes Mittagsschläfchen die Gedächtnisleistung um ein Vielfaches erhöht. Zudem fördert es die Konzentration und Kreativität und sorgt für eine bessere Stimmung. Wer in der glücklichen Lage ist und sich ein solches Powernapping genehmigen darf, sollte jedoch auf den Zeitpunkt achten. Idealerweise hält man das kurze Schläfchen gleich am Mittag, denn nach 15 Uhr kann der Powernap den natürlichen Biorhythmus durcheinander bringen und dafür sorgen, dass man abends munter ist.

So klappt es mit dem Powernapping:

Wählen Sie den richtigen Zeitpunkt.

Dieser liegt zwischen 12 und 14 Uhr. Zu einem späteren Zeitpunkt kann der erholsame Nachtschlaf gestört werden.

Wählen Sie eine bequeme Sitzposition beziehungsweise Liegeposition.

Im Prinzip kann der Powernapping überall stattfinden. Wichtig dafür ist nur eine gemütliche Position, ob im Sitzen oder Liegen ist egal und eine angenehme Körperhaltung. Dafür bieten sich beispielsweise der Bürostuhl, das geparkte Auto oder wenn Sie zu Hause sind, die Couch oder das Bett an. Auch den Kaffee zu Mittag können Sie mit ruhigem Gewissen genießen. Die Wirkung des Koffeins setzt erst nach etwa 20 Minuten ein. Und Ihr Powernapping sollte bis dahin ohnehin beendet sein.

Sorgen Sie am besten für Dunkelheit.

Dunkelheit ermöglicht Ihnen ein schnelleres Einschlafen. Versuchen Sie den Raum, in dem Sie den Kurzschlaf durchführen möchten abzudunkeln. Wenn dies nicht möglich ist, können Sie auch eine Schlafmaske verwenden.

Sorgen Sie für eine angenehme Geräuschkulisse.

Wenn Sie zu den Menschen gehören, die absolute Stille zum Einschlafen benötigen, versuchen Sie es mit Ohrstöpseln. Ansonsten kann ruhige und entspannende Musik beim Einschlafen helfen.

Achten Sie auf die richtige Raumtemperatur.

Die ideale Temperatur für einen gesunden Schlaf liegt bei 16 bis 18 Grad Celsius.

Schnelles Einschlafen mit Entspannungs-techniken

Auch verschiedene Entspannungstechniken wie beispielsweise Autogenes Training, Yoga oder die progressive Muskelentspannung nach Jacobsen können dabei helfen, schneller zu entspannen und einzuschlafen.

Stellen Sie sich einen Wecker

Um nicht in die Tiefschlafphase zu gelangen, sollten Sie sich einen Wecker stellen. Das Klingeln des Weckers stellen Sie sich auf 15 bis 20 Minuten, nicht länger.

Beim regelmäßigen Powernapping werden Sie nach einer geraumen Zeit auch automatisch nach 15 bis 20 Minuten aufwachen.

Kreislauf anregen

Nach dem Powernapping sollten Sie Ihren Kreislauf wieder anregen. Am leichtesten gelingt das durch Treppen steigen, einem Glas Zitronenwasser oder verschiedene Dehn-und Streckübungen. Mit dem Anregen des Kreislaufes werden Sie schnell wieder munter und wach für die nächsten Aufgaben.

Tanken Sie Sonnenlicht

Licht signalisiert Ihrem Körper, dass es Zeit ist zum Aufwachen. Nach einem Powernapping sollten Sie daher Sonnenlicht tanken. Ist das gerade nicht möglich, kann auch eine helle Innenbeleuchtung oder eine Tageslichtlampe als Alternative dienen.

Und wie bei den meisten Dingen im Leben gilt auch für das Powernapping üben üben und nochmals üben.

Mach mal  Pause

7 Tipps für den Alltag

Pausen planen

Geplante Pausen strukturieren Ihren Arbeitstag und verhindern, dass Sie die Pause „vergessen".

Bewusst entspannen

Unterbrechen Sie bewusst Ihre Arbeit für eine kurze Pause zum Auftanken.

24

Leistungskurve beachten

Hören Sie auf die Signale Ihres Körpers. So können Sie rechtzeitig einer Überlastung vorbeugen.

Gesund ernähren

Ihre Nahrung sollte basenlastig und abwechslungsreich sein, damit Ihr Körper die Energie nicht in die Verdauung investieren musst, sondern in Ihre Konzentration.

Kontakte pflegen

Gespräche mit Kollegen bringen neue Ideen und fördern das Betriebsklima.

Für Bewegung sorgen

Bewegung bringt den Kreislauf in Schwung und fördert die Konzentration. Ein schneller Spaziergang an der frischen Luft sowie ein paar Dehn- und Lockerungsübungen und Sie sind wieder fit.

Ausgleich schaffen

In den Pausen sollte man unbedingt etwas anderes tun, als während der Arbeit. Am besten man verlässt auch den Arbeitsplatz, um wirklich aufzutanken und sich zu erholen.

PAUSENÜBUNGEN

Verzögerte Atmung"

Setzen Sie sich aufrecht auf einen Stuhl. Bleiben Sie dabei locker und stellen Sie die Füße aufrecht auf den Boden. Legen Sie nun die Hände auf die Oberschenkel und schließen Sie die Augen. Atmen Sie langsam ein und doppelt so langsam wieder aus.

„Sauerstoff tanken"

Stellen Sie sich an ein offenes Fenster. Legen Sie nun die Hände so zusammen, dass alle fünf Fingerkuppen zueinander Kontakt haben. Drücken Sie circa zehn Atemzüge lang die Fingerkuppen aneinander und atmen Sie dabei tief ein und aus.

„Handpresse"

Drücken Sie Ihre Handflächen vor dem Brustkorb kräftig zusammen, so dass Ihre Arme zittern. Atmen Sie dabei ganz normal weiter. Die Schultern nicht hochziehen. Halten Sie diesen Druck für circa 30 Sekunden, bevor Sie diesen wieder langsam lösen.

„Fersen heben und Gesäß anspannen"

Stellen Sie sich hinter Ihren Bürostuhl und halten Sie sich an der Lehne fest. Die Beine stehen hüftbreit auseinander und die Füße parallel zueinander. Ihr Gewicht verlagern Sie auf die Fußballen und heben jetzt die Fersen an. Spannen Sie nun die Gesäßmuskulatur an. Halten Sie diese Position für circa fünf Sekunden und begeben sich wieder in die Ausgangsposition.

„Nackenmuskulatur dehnen"

Setzen Sie sich aufrecht hin. Den Blick richten Sie geradeaus. Ihre Hände legen Sie locker auf den Oberschenkeln ab. Neigen Sie den Kopf langsam nach rechts, sodass Ihr rechtes Ohr der rechten Schulter näher kommt. Halten Sie diese Stellung für drei Atemzüge. Nun führen Sie den Kopf wieder langsam zur Mitte. Wiederholen Sie die gleiche Übung mit der linken Seite.

Bitte gehen Sie bei dieser Übung behutsam und langsam vor, um Ihre Halswirbelsäule zu schützen. Dehnen Sie auch nur so weit, wie es Ihnen guttut.

FRISCHEKICK FÜR IHRE AUGEN

Klopfen Sie mit den Fingerkuppen sanft an dem knöchernen Bereich rund die Augen.

Pressen Sie für maximal zehn Sekunden Ihre Fingerkuppen rechts und links in die Vertiefungen am inneren Ende Ihrer Augenbrauen.

Massieren Sie mit dem Zeige- und Mittelfinger die Schläfen mit kreisenden Bewegungen.

AUGENÜBUNGEN

Die Augendusche

Die Augendusche ist keine wirkliche Übung, aber eine Wohltat für die Augen. Vor allem, wenn Sie lange Zeit am PC gearbeitet haben, eignet sich die Augendusche wunderbar, um kurz mal zu entspannen und den Augen etwas GUTES zu tun.

Öffnen Sie den Wasserhahn. Schwappen Sie dann mit den Händen kaltes Wasser auf Ihre geschlossenen Augen (circa zehnmal). Jetzt stellen Sie die Temperatur auf lauwarm und benetzen die geschlossenen Augen weitere zehnmal.

Blinzeln

Blinzeln - ja Sie haben richtig gelesen. Schlagen Sie circa eine Minuten lang Ihre Augenlider auf und zu und zwar so schnell und locker wie es Ihnen möglich ist. Schließen Sie Ihre Augenlider nach dieser Übung wieder für eine Weile und genießen Sie die wohltuende Ruhe und Entspannung.

Durch das "Blinzeln" trainieren Sie die Augenmuskeln und lösen den starren Blick, den man unwillkürlich bei langer PC-Arbeit annimmt.

Der positive Nebeneffekt bei dieser Übung ist, dass sich ein feiner Tränenfilm über die Augen legt. Denn PC-Arbeit lässt die Augen trocken werden und Tränenflüssigkeit aus der Flasche hilft nur gefühlt und das nur kurzfristig.

Liegende Acht

Stellen Sie sich die Zahl Acht vor, wie sie vor Ihrem Auge liegt. Das Zentrum der Zahl Acht ist auf dem Niveau Ihrer Augen. Die Bewegung beginnt immer vom Zentrum dieser Acht. Sie können die Acht mit einem Finger zeichnen und dem Finger mit den Augen folgen. Führen Sie diese Übung mit offenen Augen durch.

Zeichnen Sie nun die liegende Acht sieben Mal in die eine und danach sieben Mal in die andere Richtung. Immer wieder leicht blinzeln und die Augen entspannen.

Führen Sie nun die Übung auch mit geschlossenen Augen durch.

Öffnen Sie die Augen, blinzeln leicht und entspannen Sie Ihren Körper.

GRÜNER WACHMACHER

Zutaten:

1 Zucchini, 1 Orange, 1 Birne, viel Blattspinat, 2 Blätter Gundermann, Himbeer, -Apfel- und Kirschbaumblätter

Alle Zutaten durch eine sehr gute Saftpresse geben oder als Smoothie in einem Hochleistungsmixer mixen.

DEHNÜBUNGEN UND KRÄFTIGUNGSÜBUNGEN

Schulterkreisen

Stellen Sie sich aufrecht hin. Die Knie sind dabei leicht angewinkelt. Die Arme hängen am Körper seitlich locker nach unten. Beginnen Sie nun Ihre Schultern so weit wie möglich nach vorn zu kreisen.

Nach zehn Wiederholungen kreisen Sie die Schultern nach hinten.

Seitliches Dehnen

Stellen Sie sich aufrecht und gerade hin. Greifen Sie mit dem linken Arm über den Kopf und legen Sie die linke Hand mit den Fingerspitzen auf die rechte Kopfhälfte. Neigen Sie nun den Kopf zur linken Schulter. Unterstützen Sie diese Bewegung, indem Sie mit der linken Hand ein wenig nach drücken.

Jetzt winkeln Sie die rechte Hand an und ziehen den rechten Arm nach unten, und zwar so lange, bis Sie in der rechten Halsmuskulatur eine leichte Dehnung verspüren. Halten Sie die Spannung für circa 15 Sekunden, bevor Sie diese langsam lösen.

Führen Sie die Übung nun mit der rechten Seite durch.

Oberkörperdehnung

Stellen Sie sich aufrecht hin, die Füße stehen hüftbreit auseinander. Legen Sie nun die Fingerspitzen auf Ihre Schultern (rechts auf rechts und links auf links) und drehen den Oberkörper nach rechts. Das Becken bleibt dabei ruhig. Die Schultern nicht hochziehen.

Jetzt drehen Sie den Oberkörper zur linken Seite. Wiederholen Sie auch diese Übung mehrmals.

Kniebeugen

Stellen Sie sich aufrecht und gerade hin. Gehen Sie nun so tief wie möglich in die Knie und kommen dann langsam wieder hoch. Achten Sie darauf, dass der Rücken dabei gerade bleibt.

Wiederholen auch diese Übung mehrmals.

LÖSE DICH VON DEN GEDANKEN,
DASS NUR DU GANZ ALLEIN
ALLES SELBST MACHEN MUSST.

LASS DICH UND DIE DINGE LOS
UND GEH AUF IM SEINLASSEN
BLOSS.

LASS AB VON DER HAST,
DENN WER NUR RENNT, HAT DAS
SCHÖNSTE VERPASST.

LASS DIE DINGE EINFACH GEHEN UND
FREU DICH AM SINN, AM HIER UND
JETZT UND DEM LEBEN.

Birgit Terletzki

GEGEN DEN TÄGLICHEN BÜROWAHNSINN

Eins nach dem anderen

Finden Sie sich hier wieder? Das Telefon klingelt und während des Gespräches checken Sie nebenbei die E-Mails oder sortieren Zettelchen auf dem Tisch oder die Ablage.

Mehrere Dinge gleichzeitig zu erledigen, auch Multitasking genannt, verspricht ein schnelleres Arbeiten. In der Praxis führt es jedoch dazu, dass Fehler entstehen und man sich verzettelt. Eins nach dem anderen, Schritt-für-Schritt die Arbeiten zu erledigen, dass ist weit effektiver und es entstehen nachweislich weniger Fehler.

Auf die Dosis kommt es an

Stress kennt jeder. Doch Stress hat nicht nur negative Seiten, er ist sogar äußerst hilfreich, wenn man eine bestimmte Herausforderung meisten soll. Stress kann Ihnen den Kick geben, eine Aufgabe besonders gut zu meistern. Doch auch hier kommt es auf die Dosis an.

Sicher kennen Sie den Spruch "Die Dosis macht das Gift". Lernen Sie also auf sich, Ihren Körper und Ihre Bedürfnisse zu hören, denn die Grenze von Forderung zu Überforderung ist fließend und schnell überschritten.

Erkennen Sie Ihre Stressauslöser (welche das sein können, zeigen wir in unserem Buch "Endlich gelassen leben", um so dem aufkommenden Stress den Wind aus den Segeln zu nehmen.

40

Lernen Sie nein zu sagen

Gehören auch Sie zu denjenigen, die nicht NEIN sagen können und immer hilfsbereit sind?

Was Sie für andere Mal eben schnell mit erledigen, blockiert auf lange Sicht Ihre eigene Arbeit. Ein klares "Nein" bringt Schmarotzer schnell auf Distanz und gleichzeitig haben Sie mit dem "Nein sagen" einen ersten Schritt ins Zeitmanagement getan.

Befreien Sie sich von Ballast

Bereits Kurt Tucholsky sagte " Die Basis einer gesunden Ordnung ist ein großer Papierkorb".

Und sind wir mal ehrlich. Vieles was sich auf dem Schreibtisch oder der Ablage stapelt, ist in Wirklichkeit reif für den Papierkorb.

Planen Sie deshalb regelmäßig einen "Großputz" im Büro ein, am besten immer freitags kurz vor Feierabend. Das befreit von überflüssigem Ballast und Gerümpel. So geht die Arbeit auch viel leichter von der Hand.

Gestalten Sie Ihr Büro in eine

Wohlfühloase um

Wenn man mal bewusst darüber nachdenkt, verbringen wir doch unsere meiste Zeit im Büro. Umso wichtiger ist es, dass man sich darin auch wirklich wohl fühlt.

Gestalten Sie also Ihr Büro so, dass Sie gern und konzentriert darin arbeiten können. Eine tolle Grünpflanze, ein schickes Bild, eine Duftlampe, ein Bild von Ihren Lieben oder ein Bild Ihres letzten wundervollen Urlaubs. Erlaubt ist alles, was Ihr Anker im Sturm ist und die Arbeit nicht beeinträchtigt.

Mach mal Pause

Pausen sind wichtig, um sich kurz zu regenerieren und für die kommende Aufgabe wieder fit zu sein. Außerdem ist es wichtig, kurze Pausen zu nutzen, um etwas Abstand zu den anliegenden Aufgaben zu bekommen, den Blickwinkel anders auszurichten, Klarheit zu erlangen.

Mit etwas Anstand geht es wieder viel leichter von der Hand.

Fehler gehören dazu

Kennen Sie auch solche Tage, an denen man am liebsten zu Hause bleiben würde, weil alles schiefläuft?

Ein Fehler nach dem anderen schleicht sich ein und Sie zerfließen in Selbstvorwürfen.

Fehler gehören zum Leben und häufig ist es auch so, dass Außenstehende von diesen gar nichts mitbekommen. Gehen Sie bei solchen Gelegenheiten besonders liebevoll mit sich um und machen Sie, wenn es möglich ist, etwas früher Feierabend und tun sich etwas Gutes. Am nächsten Morgen sieht die Sache schon wieder ganz anders aus.

Vermeiden Sie Zeitfresser

Wenn auch Sie das Gefühl haben, dass Sie alles allein machen müssen, dann schauen Sie doch mal woran das liegen mag. Checken Sie Ihren Tag zum Beispiel anhand einer Liste, auf welcher Sie alles notieren, was Sie so gemacht haben. Dann kontrollieren Sie, ob das tatsächlich alles Aufgaben sind, die in Ihren Aufgabengebiet fallen. Schauen Sie, was Sie davon delegieren können und ob es Dinge gibt, die völlig unnötig sind.

Setzen Sie sich realistische Ziele

Stress verspüren wir meist dann, wenn wir das Gefühl haben, mit der Arbeit nicht fertig zu werden, wenn wir die Kontrolle über die Dinge verlieren. Doch alles perfekt und gleichzeitig zu erledigen, dass schafft niemand.

Setzen Sie sich also realistische Ziele und wenn Ihr Chef Ihnen eine Zeit vorgibt, die Sie aber nicht einhalten können, dann reden Sie mit ihm konstruktiv. Oder schauen Sie, ob Sie andere Dinge machen müssen, die Sie hintenanstellen können oder die vielleicht gar nicht in Ihren Aufgabenbereich fallen. Kalkulieren Sie unbedingt Pausen ein und lassen Sie Zeitpuffer für unvorhergesehene Dinge zu.

Genießen Sie den Feierabend

Endlich geschafft! Im Volksmund heißt es so schön: "Arbeit ist das halbe Leben".

Leider nicht ganz, aber wenigsten solange die Bürotür hinter uns ins Schloss fällt.

Ab da haben auch Ihre Gedanken Feierabend. Stellen Sie am besten Ihr Handy ab, damit Sie kein Kollege noch nerven kann. Suchen Sie sich kleine Entspannungsrituale, um den Feierabend zu genießen, aufzutanken und zu entspannen. Morgen ist auch noch ein Tag.

Das Gelassenheitsrezept

Heute gestalte ich meine Jobwelt wie sie mir gefällt.

Heute lasse ich mich nicht aus dem Konzept bringen.

Heute werde ich die schlechte Laune des Kollegen an mir abperlen lassen.

Heute nehme ich lästige Anrufe lächelnd und gut gelaunt an.

Heute nehme ich mir bewusst Zeit für meine Mittagspause.

Heute baue ich bewusst kleinere Pausen zwischen meinen Arbeiten ein.

Heute werde ich im Meeting deutlich meine Meinung vertreten, konstruktiv bleiben und mich nicht ärgern lassen.

ÜBER DIE AUTORIN

Birgit Terletzki, Jahrgang 1972, ist seit mehr als 10 Jahren als gelernte Pharmareferentin, Gesundheitsökonomin sowie ausgebildete Trainerin für Stressmanagement, Entspannungstechniken sowie Rückengesundheit und Ernährung im Gesundheitsbereich tätig.

Seit dieser Zeit beobachtet sie, dass nicht nur die Anzahl der übergewichtigen Personen tendenziell ansteigt, sondern auch, dass das Wissen um ein gesundes Leben mehr und mehr abnimmt, oft aufgrund gesellschaftlicher Einflüsse. Doch auch scheinbar gesunde Menschen klagen zunehmend über Rücken- und Nackenprobleme, Antriebslosigkeit, Überforderung und allgemeiner Müdigkeit.

Birgit Terletzki hat sich darauf spezialisiert, betroffenen und interessierten Menschen zu helfen, aus diesem Teufelskreis auszubrechen, mit kleinen, aber äußerst effektiven Schritten, die absolut familien- und alltagstauglich und für JEDERMANN geeignet sind.

Des Weiteren gibt sie in Unternehmen Seminare zum Thema Rückengesundheit, Stressbewältigung und gesunde aber alltagstaugliche Ernährung.

Mit Ihrem Partner Marc Bratek, welcher sich seit vielen Jahren auf Raumpsychologie spezialisiert, wird das Angebot der ganzheitlichen Gesundheit abgerundet. Denn auch unsere Räume haben einen nicht zu unterschätzenden Einfluss auf unser Leben, auf unser Wohlbefinden, unsere Gesundheit und unseren Erfolg. Um ihre Klienten rundum ganzheitlich ausgelegte Tipps individuell abgestimmt auf deren Wohn-und Lebenssituation zu geben, hat sich Marc Bratek zudem als ganzheitlicher Ernährungsberater eines Schweizer Instituts ausbilden lassen. Denn wer etwas bewegen möchte, sollte auf seine Gesundheit achten – und diese beginnt bereits in dem Raum, in welchem man sich aufhält.

Sie erreichen die Autoren über Ihre Web-adressen www.gesunder-mitarbeiter.de sowie www.gesundheit-lenkt-energie.de oder per Mail unter info@gesunder-mitarbeiter.de.

WEITERE BÜCHER DER AUTOREN

 Birgit Terletzki zeigt Ihnen Methoden, wie Sie mit Stress sofort umgehen und gelassener werden. Mit diesem Praxisbuch haben Sie effektive und nachhaltige Strategien an der Hand, die Ihnen helfen in stressigen Situationen Ruhe zu bewahren.

Freuen Sie sich auf mehr Leichtigkeit und Gelassenheit in Ihrem Leben.

148 Seiten, Paperback EUR 9,99

ISBN 9783738633511

Gesundheit ist entscheidend für Erfolg und Leistungsfähigkeit.

Dieses Buch zeigt Ihnen:

Die Zusammenhänge zwischen unserer Lebensweise und dem Entstehen vieler Beschwerden auf.

Effektive und schnelle Büroübungen, die Sie ohne zusätzlichen Zeitaufwand in Ihren Alltag integrieren können, egal ob im Meeting, beim Telefonieren, auf Geschäftsreisen oder im Auto. Möglichkeiten für eine schnelle Entspannung im Joballtag. Varianten einer schmackhaften und leistungsfördernden Büronahrung.

108 Seiten, Paperback EUR 9,99

ISBN 9783738616323

Weihnachten endlich genießen

In diesem Buch erhalten Sie wertvolle Tipps und Impulse für eine gelassenere (Vor)weihnachtszeit. Neben Checklisten zur optimalen Planung sämtlicher Weihnachtsvorbereitungen wird konkret auf die eigenen Erwartungen eingegangen. Bekanntermaßen entsteht Stress dadurch, dass man viel zu hohe Erwartungen an sich und andere stellt.

Und natürlich darf der Genuss nicht zu kurz kommen. Denn zu einer gemütlichen Weihnachtszeit gehören auch leckere und gesunde Plätzchen.

84 Seiten Paperback: EUR 9,99

ISBN 9783739214474

Bildnachweis

Bilder von www.stock.adobe.com Umschlagseite:

S. 2: Abstract colorize marco of plant seeds dandelion # 65665297 (© YOR)

S.16 Background gentle airy texture of light feather with water drops macro #161818340 (©Laura Pashkevich)

S.26 Düne im Abendlicht #51837949 (©Gunnar Assmy)

S.38 Beautiful drop of pure water on a transparent leaf on a light blue background close- up macro. #161818398 (©Laura Pashkevich)